Vikki Patis

# Eu pinto, logo existo

Vikki Patis

# Eu pinto, logo existo

## Uma análise crítica de uma perspetiva criminológica

ScienciaScripts

Cover image: www.ingimage.com

This book is a translation from the original published under ISBN 978-3-659-89347-6.

Publisher:
Sciencia Scripts
is a trademark of
Dodo Books Indian Ocean Ltd. and OmniScriptum S.R.L publishing group

120 High Road, East Finchley, London, N2 9ED, United Kingdom
Str. Armeneasca 28/1, office 1, Chisinau MD-2012, Republic of Moldova, Europe
Managing Directors: Ieva Konstantinova, Victoria Ursu
info@omniscriptum.com

Printed at: see last page
**ISBN: 978-620-8-57210-5**

**Resumo**

O objetivo desta tese é identificar as percepções negativas das tatuagens na sociedade e as suas consequências. Utilizando uma abordagem documental, foi analisada a literatura relevante para atingir os objectivos desta investigação, que incluem um enfoque nas práticas de emprego da polícia, a forma como se relacionam com os seus códigos de prática quando lidam com o público, e se o seu comportamento em ambas as situações é influenciado por uma perceção negativa das tatuagens. Este tipo de investigação é importante para determinar se as pessoas tatuadas são, de facto, tratadas de forma diferente na sociedade e se este estigma social afecta as suas oportunidades de vida, como conseguir um emprego. Esta dissertação concluiu que a perceção de que as tatuagens estão ligadas à criminalidade ainda hoje prevalece e que essas atitudes têm um efeito negativo nas pessoas tatuadas.

**Agradecimentos**

Gostaria de agradecer ao meu tutor, Paul Richards, por toda a ajuda e conselhos que me deu durante este período difícil. Gostaria também de agradecer a Zoe James pelas suas aulas noutro módulo, que me ajudaram a rever muitas coisas e a simplificar tudo aquilo com que me debatia antes. A minha gratidão vai também para Jill Annison, por ter estado presente para me orientar quando tudo parecia demasiado difícil.

À Rachel Allen e à Amy Fergus, estou grata pela vossa amizade durante este período difícil, pelas sessões de estudo, pelas intermináveis chávenas de chá e fatias de bolo. Gostaria também de agradecer ao Paul Coe por me ter encorajado nos meus estudos e por ter estado sempre ao meu lado. Podemos não o ter apreciado tanto quanto merecia quando estávamos no Duchy, mas agora apreciamo-lo certamente. Os meus agradecimentos e apreço vão também para Suzanne Little e Diana Grygiencza, duas mulheres maravilhosas do outro lado do Atlântico, por terem lido o meu trabalho e me terem encorajado a continuar. E aos "Bardos", estou eternamente grato pelas conversas nocturnas, pelo apoio e pelas rimas disparatadas. E, claro, por terem organizado a vossa viagem a Londres, que me deu algo por que ansiar. Também estou grato à minha mãe por me ter enviado a caixa de Breaking Bad, que me deu uma óptima noite.

Gostaria de agradecer ao Dr. Timming, da Universidade de St Andrews, por ter tido a amabilidade de me enviar o seu artigo antes da sua publicação oficial. Trata-se de uma excelente fonte de informação e estou-lhe extremamente grato por me ter dado acesso a ela.

E ao Ethan, que simplesmente é.

**Índice**

**Capítulo 1**
**Introdução**

A palavra "tatuagem" vem da palavra samoana *tatau*, que significa "ferida aberta" (McCarron 2008). Uma tatuagem é definida como "uma marca ou desenho permanente feito na pele" (Farlex, Inc. 2013), e o ato de tatuar é, portanto, definido como marcar a pele com uma tatuagem. Embora o termo "criminalidade" possa parecer simples, é de facto um conceito que não é fácil de definir. Segundo Gillinsky (2001), o crime é "um fenómeno social complexo, sem fronteiras 'naturais'", e defende que pode ser definido através de dois critérios: o grau de perigosidade ou de nocividade para a sociedade e o seu reconhecimento no código penal. A expressão "nullum crimen sine lege" significa que "não há crime sem lei" (Fletcher 1998), mas isto coloca um problema, porque enquanto a primeira definição de Gillinsky inclui o desvio, que é importante para esta investigação, a segunda não o faz. Apesar desta limitação, esta investigação basear-se-á nas premissas desta definição.

Esta tese não pretende sugerir que as tatuagens sejam ou devam ser criminosas, ou que exista uma ligação direta entre as duas coisas, mas sim investigar o efeito da ligação percebida entre tatuagens e criminalidade ou desvio nos indivíduos da sociedade. O principal objetivo desta investigação é identificar se essa ligação afecta as oportunidades de vida das pessoas com tatuagens, com especial incidência nas oportunidades de emprego, bem como os efeitos sobre os ex-reclusos que tentam deixar para trás as suas antigas vidas. O estudo examinará igualmente as consequências do estigma social que estas pessoas enfrentam. Um estigma é definido como "uma marca de desgraça associada a uma determinada circunstância, qualidade ou pessoa" (Oxford University Press 2013), e esta definição identifica claramente alguns dos problemas associados ao facto de se ter uma tatuagem no mundo moderno. O presente ensaio pretende abordar os objectivos através de uma abordagem baseada na literatura, na qual serão revistas e analisadas outras investigações.

Os objectivos da investigação são os seguintes:

- Destacar a investigação que identifica uma ligação percetível entre tatuagens e comportamentos desviantes ou criminosos.

- Identificar as consequências dessa ligação, com especial ênfase na legislação sobre igualdade e nas práticas de emprego da polícia.

- Analisar se as atitudes negativas em relação às tatuagens afectam as pessoas que as usam.

- Discutir se as tatuagens afectam a capacidade de um indivíduo desistir do crime.

Esta investigação não só é interessante, como também é útil para determinar se as pessoas tatuadas são efetivamente tratadas de forma diferente na sociedade e se este estigma social afecta as suas oportunidades, como o emprego. A ligação com a criminalidade é histórica: até há pouco tempo, as tatuagens eram associadas às classes mais baixas e criminosas, bem como a marinheiros e prostitutas (Fletcher 1971). Este resumo tem como objetivo determinar se esses preconceitos ainda prevalecem hoje em dia e se têm um impacto nas oportunidades de vida de uma pessoa tatuada.

O segundo capítulo desta tese consistirá numa revisão da literatura, estabelecendo a base do estudo através da exploração da literatura relacionada com as questões levantadas. Centrar-se-á em algumas questões distintas, nomeadamente os significados da tatuagem, a empregabilidade e as estruturas sociais, com base em quadros teóricos. A teoria criminológica também será utilizada para examinar as origens destes preconceitos e a forma como estas visões históricas podem ter impacto na sociedade moderna. O terceiro capítulo examina os métodos utilizados nesta investigação e a razão pela qual alguns métodos foram utilizados e outros não.

O debate será dividido em dois capítulos, nos quais serão discutidas as conclusões desta tese, pelo que o capítulo quatro se centrará nos delinquentes tatuados. Será explorada a questão da desistência e a forma como as tatuagens podem afetar a capacidade de um ex-recluso deixar para trás a sua vida criminosa. Por conseguinte, serão descritos os principais desenhos de tatuagens, uma vez que podem ser utilizados como instrumento de identificação pelas organizações de justiça penal. A segunda parte do debate, no capítulo 5, analisará se as oportunidades de vida das pessoas tatuadas são afectadas, com especial incidência nas políticas de emprego da polícia. Identificará também outras questões relacionadas e ambas as partes do debate centrar-se-ão nas principais conclusões do estudo de vários documentos, incluindo revistas, livros, documentos políticos e sítios Web oficiais.

O Capítulo 6 conclui o estudo, resumindo os resultados da literatura utilizada. Examina também as implicações dos resultados da investigação e sugere novas vias de investigação.

## Capítulo 2

## Revisão da literatura

Uma revisão da literatura é essencial para compreender um tópico escolhido e é "portanto, parte do seu desenvolvimento académico" (Hart 1998). Por conseguinte, este capítulo centrar-se-á na exploração da literatura existente relativamente à associação entre crime e tatuagens e na análise das questões que possam surgir. Também se centrará na questão de saber se o facto de se ser tatuado tem impacto nas oportunidades de vida de um indivíduo e de que forma as teorias criminológicas podem ser utilizadas para explicar este facto. Em seguida, abordará a criminologia cultural e a forma como os rótulos podem afetar as pessoas tatuadas. As questões entre as tatuagens e a empregabilidade também serão discutidas, analisando investigações anteriores, bem como as políticas de algumas organizações de justiça criminal, como a polícia, que têm regras rigorosas relativamente às tatuagens e aos seus funcionários.

Tal como referido na introdução, a palavra "tatuagem" provém da palavra samoana *tatau*, que significa "ferida aberta", pelo que as tatuagens são definidas como uma "ferida auto-infligida" (McCarron 2008). Trata-se de uma marca permanente na pele, associada durante décadas a marinheiros e criminosos, bem como às classes mais baixas (Fletcher 1971). Treadwell (2008) sugere que "a moda e os seus ícones particulares comunicam descrições culturais e sociais não verbais", e esta definição parece aplicar-se às tatuagens, uma vez que são atualmente consideradas moda em muitas culturas, onde não o eram anteriormente. Um estigma é definido como "uma marca de desgraça associada a uma determinada circunstância, qualidade ou pessoa" (Oxford University Press 2013), e como as tatuagens podem ser associadas a um comportamento negativo, as pessoas com tatuagens podem, por conseguinte, estar sujeitas a estigma.

A par das suas teorias sobre as caraterísticas físicas de um criminoso, Cesare Lombroso também acreditava que "as tatuagens indicam criminalidade" (Arjunan 2000). As quatro classes em que Lombroso dividiu as tatuagens eram emblemas de religião, guerra, amor e profissão, e Fletcher (1971) utilizou-as para desenvolver o estudo da tatuagem. Descobriu que as tatuagens estavam amplamente associadas às classes baixas e criminosas, bem como a marinheiros e prostitutas, e subscreveu os argumentos apresentados por Lombroso relativamente à ideia de que a tatuagem "estava ligada ao atavismo dos criminosos" (Fleming 2000). Embora muitas das conclusões de Lombroso tenham sido refutadas nos últimos anos, os estereótipos criados pelo seu trabalho ainda estão muito presentes e são reconhecidos atualmente. Fleming (2000) argumenta que "Lombroso deu à sociedade uma chave visual para identificar as pessoas que temia", levando os bons cidadãos cumpridores da lei a evitar coisas como as tatuagens. A partir desta rotulagem inicial das pessoas tatuadas no seio da sociedade, surgiu a ideia de que uma pessoa com tatuagens, ou "sinais corporais", era considerada um "desviante", e essas pessoas eram tratadas como tal. Lippmann (1956) definiu os estereótipos como uma reprodução mental da realidade, mas atualmente o termo refere-se a "generalizações - ou, muitas vezes, generalizações excessivas - sobre os membros de um grupo" (Plous 2003). Estas generalizações podem levar a um tratamento injusto de um determinado grupo na sociedade.

De acordo com Goffman (1990), um desviante é definido como "um membro individual que não adere às normas", e aqueles que não se conformam com as normas sociais geralmente recebem "a desaprovação da maioria da sociedade" (Houghton Mifflin Harcourt 2013). No entanto, as normas sociais variam de cultura para cultura. Morrison (2004) examina as atitudes em relação às tatuagens, ou *te moko,* entre os Maori, que são largamente positivas. As tatuagens são utilizadas para narrar a sua posição no seio das suas estruturas sociais, como a família, as filiações tribais e subtribais. Morrison (2004) concluiu que as tatuagens "contribuem para o controlo social e para a coesão do grupo tribal" entre os Maori, em particular ao permitirem que os indivíduos reconheçam e respeitem aqueles que têm direitos de nascimento mais elevados. É interessante comparar estas atitudes, e a forma como as pessoas tatuadas são tratadas nesta cultura, com as atitudes no Reino Unido e nos EUA. As atitudes destes últimos são ilustradas pelo estudo de Koch et al (2010), que examinou a possível ligação entre a arte corporal e o desvio. Publicaram um estudo em que 1753 estudantes participaram num inquérito sobre a sua arte corporal e possíveis antecedentes de desvio. Descobriram que os estudantes com "múltiplas tatuagens, braços totalmente tatuados ou piercings íntimos" têm "dez vezes mais probabilidades de ter um historial de detenção" (Koch et al. 2010). O relatório refere também que estes estudantes têm mais probabilidades de ter um historial de consumo de drogas e de promiscuidade. É de salientar que, de acordo com os resultados, apenas 28,6 dos inquiridos com quatro ou mais tatuagens admitiram ter consumido álcool na semana anterior, em comparação com 36,1 dos inquiridos sem tatuagens e 47,6 dos inquiridos com uma tatuagem (Koch et al. 2010).

Devido à noção de que os contextos sociais de uma determinada sociedade "moldam as respostas e interpretações dos outros sobre as suas tatuagens", as pessoas "não podem, portanto, controlar totalmente o significado dos seus próprios corpos tatuados" (Kang & Jones 2014), e apesar da mudança de atitudes em muitas sociedades, sugere-se que as tatuagens ainda desempenham dois papéis principais na cultura humana. De acordo com Brean (2013), podem atuar como uma marca de decoração ou uma marca de desvio, mas Kenney (2014) sugere que "as tatuagens deixaram de ser marcas de diferença para se tornarem marcas de inclusão". Isto apoia a ideia de que as tatuagens permitem a um indivíduo navegar entre diferentes mundos sociais (Phillips 2001), uma vez que ser tatuado pode permitir o acesso de uma pessoa a uma variedade de grupos sociais. DeMello (2000) sugere ainda que a perceção da tatuagem está a mudar, uma vez que muitas tatuagens são agora vistas como arte, em vez de um ato de desvio. De acordo com Pritchard (2010), as tatuagens podem ser "vistas como um sinal de afiliação dentro de uma ordem social, ou como uma manifestação patológica 'infantil', 'auto-destrutiva' ou 'opositiva' da interface entre o indivíduo e a sociedade". Pritchard sugere também que as tatuagens são vistas como um instrumento que pode aproximar as pessoas ou criar uma barreira entre elas.

A teoria da rotulagem é, portanto, relevante para este tópico, uma vez que se pode argumentar que não são as tatuagens em si que são desviantes, mas sim o comportamento associado a elas em determinadas sociedades. Também é relevante porque as actividades só se tornam "desviantes na medida em que esses comportamentos foram rotulados como tal pelos detentores do poder" (Williams 2011) e, apesar da normalização das tatuagens na sociedade moderna, a visão do século XX de que as tatuagens "têm sido lidas como uma marca incorporada de alteridade e têm sido comummente associadas à criminalidade, à doença mental e a grupos subculturais desviantes" (Kosut 2006) continuou a manter-se verdadeira em algumas sociedades. Becker (1963) também sugere, através da sua teoria da reação social, que aqueles que ditam as regras na sociedade decidem que comportamento é desviante e que este processo reflecte as normas sociais adoptadas pela maioria da sociedade. Segundo Becker, os detentores do poder criam uma determinada regra para corrigir um mal social, ao mesmo tempo que chamam a atenção do público para esse mal. Isto poderia explicar o facto de as organizações terem políticas tão rigorosas em relação à tatuagem dos seus empregados.

Becker (1963) sugere ainda que os detentores de posições de poder precisam que a regra seja aplicada e, por isso, os responsáveis pela aplicação da regra, por exemplo a polícia, são susceptíveis de o fazer simplesmente em virtude da sua profissão. Para além da necessidade de justificar a sua profissão, o outro grande interesse a satisfazer, de acordo com Becker (1963), é ganhar o respeito do público, e uma forma de ganhar esse respeito pode ser rotular uma pessoa. No entanto, o uso indevido destes poderes pode fazer com que uma pessoa inocente pareça desviante, criando assim um desviante através do rótulo. Por conseguinte, se um agente da polícia se dirigir a uma pessoa com tatuagens e a rotular de desviante ou criminosa pelo simples facto de ter tatuagens, a pessoa pode aceitar e tornar-se no rótulo que lhe foi atribuído. Isto também pode ser aplicado à ideia de que a polícia, como empregadores que se recusam a empregar pessoas tatuadas, pode criar desviantes a partir dos candidatos, e este processo também é conhecido como uma profecia auto-realizável.

Merton cunhou o termo "profecia auto-realizável" para descrever "uma falsa definição da situação que evoca um novo comportamento que faz com que a falsa conceção inicial se torne realidade" (Merton 1948). Utilizando esta teoria, poder-se-ia sugerir que, devido a algumas das conotações negativas associadas às tatuagens, o utilizador ficaria também com uma reputação negativa numa sociedade que vê as tatuagens como algo desviante. Devido a esta perceção na sociedade, o utilizador pode ter dificuldade em encontrar emprego em determinadas áreas e, por ter sido classificado como criminoso ou desviante na sociedade, torna-se assim, cumprindo assim a expetativa. Na era moderna, em que as tatuagens são consideradas moda, não seria de esperar que impedissem uma pessoa de encontrar um emprego, mas é evidente que alguns empregadores não aceitam modificações corporais, e as tatuagens em particular. As fases descritas por Becker (1963) sugerem que alguns indivíduos são mais susceptíveis de se envolverem em comportamentos que infringem as regras porque se consideram moralmente diferentes daqueles que seguem as regras e que o seu desvio primário, intencional ou não, é o primeiro passo para o desvio. Por conseguinte, pode sugerir-se que, devido às conotações negativas das tatuagens, essa pessoa pode decidir fazer uma tatuagem como o seu primeiro desvio, para se distinguir daqueles que não são desviantes. Becker (1963) continua a descrever que a aceitação do rótulo de desviante é a segunda fase e que, ao ligar-se fortemente a este papel, o indivíduo verá negadas certas coisas pela sociedade, como o emprego. Isto aplica-se às tatuagens porque, como veremos mais tarde, empregadores como a polícia têm regras estritas sobre tatuagens e modificações corporais.

A ideia de que a tatuagem permite que um indivíduo estabeleça a sua identidade também é relevante, particularmente a noção de que esta identificação é uma extensão das sociedades que usam tatuagens para indicar coisas como classe, afiliação tribal e parentesco, e que esta identificação pode realizar muitas coisas, incluindo o estabelecimento de relações com os outros (Edgerton & Dingman 1963). Esta teoria também pode ser associada aos gangues, uma vez que oferece uma explicação para o facto de muitos membros de gangues terem tatuagens associadas ao seu gangue ou a actos criminosos que cometeram. Edgerton e Dingman (1963) também descobriram que aqueles que são incapazes de expressar a sua identidade, como os doentes mentais, têm maior probabilidade de se tatuar, como forma de "reagir a uma necessidade profundamente sentida" de auto-identificação (Gustafson & Petreman 1963).

Dalrymple (1995) sugere que "a causa da criminalidade entre a população branca de Inglaterra é perfeitamente óbvia para qualquer pessoa razoavelmente observadora", e que essa causa é a tatuagem. Afirma ainda que a tatuagem é como um "vírus de ação lenta", que leva as pessoas a cometerem crimes como agressões, assaltos e roubos, e acredita que a associação entre crime e tatuagens é mais forte do que qualquer outro fator. Afirma que a sua investigação concluiu que pelo menos nove em cada dez prisioneiros ingleses brancos são tatuados e prossegue afirmando que os jovens das classes mais baixas, com idades compreendidas entre os catorze e os dezoito anos, se envolvem num "estranho e selvagem *rito de passagem*", tatuando-se com uma agulha de costura e tinta da china. As conclusões de Dalrymple são interessantes na medida em que sugerem fortemente uma ligação causal entre as tatuagens e o crime, mas a questão de saber o que veio primeiro não é abordada. Também encontrou temas entre os criminosos tatuados com quem trabalhou na sua investigação, que serão explorados mais tarde, juntamente com os outros significados das tatuagens.

É importante compreender os diferentes significados de certas tatuagens, bem como as suas conotações criminosas. A Secção de Crime Organizado da Agência dos Serviços de Fronteiras do Canadá (2008) publicou um documento destinado a ajudar os agentes a detetar membros de gangues ou organizações criminosas. A publicação inclui numerosas tatuagens e os seus vários significados, incluindo tatuagens de prisões russas, tatuagens de gangues de supremacia branca e tatuagens de gangues de rua, bem como símbolos comuns de todo o mundo. Algumas tatuagens, como a teia de aranha, têm fortes conotações criminosas e de gangues, e Green (2013) sugere que a pessoa que usa a tatuagem pode ter tido de matar alguém de outra etnia para "ganhar o direito de a usar". Independentemente da filiação, foi sugerido que "as pessoas fazem tatuagens na prisão para apoiar a sua raça e as pessoas que as rodeiam" (Lanfreschi 2013).

Para além da exploração de tatuagens comuns com significados semelhantes em todo o mundo, a marca ou luva Borstal está fortemente associada àqueles que passaram algum tempo numa instituição para jovens delinquentes, conhecida como Borstal, no Reino Unido. Taylor (1968) descobriu que "as raparigas do Borstal se tatuam a si próprias", picando a pele com agulhas e esfregando "tinta de lápis biro ou pigmentos de tintas à base de água". Os Borstals foram abolidos pela Lei de Justiça Criminal de 1982 (Crown n.d.), mas a marca ou luva Borstal ainda é representativa daqueles que passaram algum tempo num centro de detenção juvenil. Embora seja talvez claro que algumas tatuagens têm conotações criminosas, outras têm significados questionáveis, como o gato, motivos religiosos e mesmo os três pontos, que serão discutidos mais pormenorizadamente num capítulo posterior.

Blackwell (2010) concluiu que não havia "qualquer justificação" para que o pessoal do Hospital de Ottawa, no Canadá, cobrisse as suas tatuagens ou removesse os seus piercings, e a Polícia Provincial de Ontário já não pode ser obrigada a cobrir as suas tatuagens. Por outro lado, o Serviço de Polícia Metropolitana pode recusar candidatos cujas tatuagens não possam ser cobertas por vestuário (Brian & Naylor 2013). De acordo com o novo código de vestuário da Polícia Metropolitana, "todas as tatuagens visíveis prejudicam a imagem profissional do Serviço de Polícia Metropolitana" (The Police Federation 2013), e explorar as políticas de várias forças policiais em Inglaterra e no País de Gales será interessante, particularmente em relação à ideia de que as pessoas com tatuagens têm menos oportunidades do que as que não têm.

**Capítulo 3**

**Metodologia**

Este capítulo apresenta os métodos de investigação utilizados neste projeto de investigação, bem como a sua justificação. As razões pelas quais não foram utilizados outros métodos serão igualmente discutidas, bem como uma explicação dos documentos selecionados para análise.

De acordo com Bell (2011), "a boa investigação não só é informada pela teoria, como também ajuda a construí-la". Esta tese começou com a intenção de investigar uma ligação casual entre tatuagens e crime, mas a direção deste estudo foi orientada pelas fontes examinadas. Por conseguinte, a natureza deste estudo mudou desde o início.

Tal como referido na introdução, os objectivos desta tese são os seguintes:

- Destacar a investigação que identifica uma ligação percetível entre tatuagens e comportamentos desviantes ou criminosos.
- Identificar as consequências dessa ligação, com especial ênfase na legislação sobre igualdade e nas práticas de emprego da polícia.
- Analisar se as atitudes negativas em relação às tatuagens afectam as pessoas que as usam.
- Discutir se as tatuagens afectam a capacidade de um indivíduo desistir do crime.

Na tentativa de alcançar os objectivos acima referidos, decidi adotar uma abordagem documental para esta tese. Esta abordagem pode também ser descrita como um método de análise documental, que é definido como "uma forma de recolher dados através da análise de documentos existentes" (Department of Health and Human Services 2009). Estes documentos incluem artigos de revistas, livros, projectos de investigação realizados por outros académicos, documentos políticos, legislação e recursos electrónicos ( ), tais como sítios Web, criados por organismos oficiais, académicos, governo e instituições de caridade. Este método é útil não só para recolher informação de base, mas também para avaliar a informação recolhida. É também pouco dispendioso, o que é ideal para uma dissertação de licenciatura, e "permite vislumbrar os bastidores de um programa que pode não ser diretamente observável" (Department of Health and Human Services 2009). Além disso, não é intrusivo, uma vez que os dados já foram recolhidos por outra pessoa ou organização, o que poderia ser problemático para um estudante universitário, devido à natureza sensível do assunto. Por conseguinte, foi decidido que uma abordagem documental era o método mais adequado para este estudo.

Um dos desafios deste método é o receio de não dispor de informação suficiente para compreender o assunto e as questões que o rodeiam. Pode também ser moroso, exigindo a recolha, revisão e análise de um grande número de documentos diferentes. Além disso, a informação disponível pode estar desactualizada, incompleta, imprecisa ou indisponível (Department of Health and Human Services 2009). Uma das dificuldades com que me deparei foi a impossibilidade de aceder a um determinado trabalho de investigação, uma vez que ainda não estava disponível ao público. No entanto, consegui contactar o investigador, que me enviou o documento por correio eletrónico, o que me permitiu ultrapassar esta dificuldade.

Sem recolher os meus próprios dados, receava não ser capaz de analisar as questões críticas ao nível exigido. Teria preferido realizar o meu próprio estudo, perguntando às pessoas tatuadas sobre a sua história de desvio e/ou registo criminal, bem como perguntando aos tatuadores sobre as suas experiências. No entanto, como já foram efectuados estudos semelhantes, não havia necessidade de o fazer, pelo que pude evitar a aprovação ética necessária, limitando-me a estudar o trabalho de outras pessoas. A minha outra preocupação foi o tempo disponível para concluir este projeto de investigação ( ). Como refere Bell (2010), não faz sentido tentar realizar um estudo em grande escala que exigiria mais tempo e recursos do que aqueles de que disponho enquanto estudante universitário.

A incerteza dos resultados foi a principal razão pela qual optei por não recolher os meus próprios dados. Receava não obter a necessária aprovação ética e que as pessoas tatuadas não estivessem dispostas a falar comigo sobre assuntos tão sensíveis. Além disso, a investigação empírica tem muitas desvantagens, incluindo a necessidade de tempo suficiente, o custo potencial da investigação e o acesso aos dados necessários (Gagnon 1982). Se eu tivesse optado por uma abordagem empírica, teria utilizado um inquérito em linha, em vez de procurar ativamente as pessoas e entregar-lhes um questionário, o que também teria exigido uma avaliação dos riscos. Isto não só teria poupado tempo, mas também custos, como as despesas de deslocação (Gagnon 1982). Além disso, fazer perguntas cara a cara também pode levar a um viés de desejabilidade social no inquirido. Neste caso, o inquirido tende a responder às perguntas de uma forma que pensa que será percebida favoravelmente pelos outros, e este enviesamento pode ser atribuído à "necessidade de aprovação" do indivíduo (Lewis-Beck et al. 2004). Ao utilizar questionários em linha, este enviesamento é eliminado devido ao fator de anonimato e, embora isto tenha os seus próprios problemas potenciais, penso que teria sido mais adequado para este tópico, se eu tivesse optado por abordar a investigação desta forma.

O preconceito do experimentador é definido como "erros num estudo de investigação devido às noções ou crenças predispostas do experimentador" (Grinnell 2008) e, por isso, como pessoa tatuada, tentei estar consciente dos meus próprios preconceitos ao longo desta investigação. Foi a minha paixão pelo tema que me levou a escolhê-lo, mas também pode levar a preconceitos do experimentador. Penso que isto teria sido mais óbvio se tivesse feito investigação empírica, na medida em que as minhas próprias crenças - ou as minhas tatuagens visíveis, se tivesse optado por fazer entrevistas presenciais - poderiam ter influenciado as respostas de alguns dos participantes, o que é de certa forma atenuado pelo facto de não ter optado por fazer investigação empírica. Embora as minhas próprias crenças e preconceitos estivessem presentes ao longo da investigação, tentei estar consciente dos mesmos para evitar que tivessem impacto no estudo. A reflexividade é essencial porque permite ao investigador examinar-se a si próprio e à sua relação com a investigação (Hsiung 2010). A reflexividade consiste em "fazer do próprio processo de investigação um objeto de investigação" e, ao fazê-lo, tentei tomar consciência das "dinâmicas situacionais" susceptíveis de afetar o estudo (Hsiung 2010).

Esta tese baseou-se numa revisão de outras fontes de literatura, tais como livros, artigos de jornais, documentos políticos e sítios Web. Os documentos de política criados por organizações como o Ministério do Interior e o Serviço Metropolitano de Polícia foram analisados como parte deste estudo, bem como a legislação relevante e projectos de investigação realizados por académicos. O acesso a esta literatura foi relativamente fácil, uma vez que a maior parte da informação está amplamente disponível, especialmente a que foi publicada para o público em geral. A investigação de Timming sobre tatuagens e empregabilidade é uma exceção a esta regra, mas ao contactá-lo consegui aceder ao seu artigo antes de ser publicado. Estes documentos foram extremamente úteis, pois forneceram informações actualizadas sobre as questões relacionadas com este tema.

Devido à natureza algo sensível deste estudo, foi extremamente benéfico poder utilizar a investigação criada por outros indivíduos e organizações, que teriam tido de garantir que todas as normas éticas tinham sido cumpridas para levar a cabo a sua investigação. De acordo com Smith (2003), existem muitas normas éticas que devem ser cumpridas aquando da realização de uma investigação, incluindo regras relacionadas com o consentimento informado, a probabilidade de danos para o participante, a privacidade e a confidencialidade. Uma vez que esta tese se baseia noutros documentos, e partindo do princípio de que esses documentos consideraram todas as questões éticas, esta tese também considerou essas questões éticas.

**Discussão**

A discussão desta tese será dividida em dois capítulos distintos. O capítulo quatro examinará os delinquentes tatuados e a forma como as suas tatuagens afectam a sua capacidade de desistir do crime. Por conseguinte, serão identificados os principais motivos das tatuagens, uma vez que as suas possíveis conotações criminosas são cruciais para compreender as reacções das organizações de justiça penal.

O capítulo cinco analisará a política de recrutamento de diferentes forças policiais, centrando-se no Serviço Metropolitano de Polícia e na Polícia da Nova Zelândia e comparando-os. O objetivo é determinar se as tatuagens estão protegidas contra a discriminação pela legislação e se a polícia discrimina as pessoas tatuadas, quer como empregador, quer como organização de justiça criminal. Serão utilizados documentos de política ao longo do estudo e a atenção centrar-se-á na existência de discrepâncias entre a forma como a polícia deve tratar as pessoas tatuadas e a forma como estas são efetivamente tratadas.

## Capítulo 4

### Infractores tatuados - Resistência apesar das tatuagens

A desistência é definida como "a abstinência a longo prazo do comportamento criminoso naqueles para quem a infração se tornou um padrão de comportamento" (McNeill et al. 2012), pelo que uma tatuagem ligada a uma criminalidade anterior pode desempenhar um papel na reabilitação do indivíduo. Os efeitos desta tatuagem serão explorados neste capítulo, juntamente com outros factores que podem ter impacto na capacidade de um ex-recluso desistir do crime e deixar a sua vida anterior para trás, bem como explorar as razões pelas quais as tatuagens podem ter este efeito.

As tatuagens são consideradas "mais comuns atualmente do que alguma vez foram" (Brean 2013). São populares tanto em locais onde não eram antes como entre pessoas que não se esperaria. Um sociólogo da Universidade de York afirmou que as tatuagens desempenham dois papéis principais na cultura humana - ou como uma marca de decoração ou como uma marca de desvio (Brean 2013). Kenney (2014) sugere que "as tatuagens passaram de marcas de diferença a marcas de inclusão", apoiando a ideia de que a tatuagem permite a um indivíduo navegar entre diferentes mundos sociais (Phillips 2001). À semelhança do conceito de que a definição de crime envolve a quantidade de danos que pode causar a uma sociedade (Gillinsky 2001), um indivíduo também é considerado desviante se adotar um comportamento suscetível de causar danos, bem como um comportamento invulgar ou socialmente indesejável e, por conseguinte, considerado "mau" pela sociedade (Sanders e Vail 2008). No entanto, também se reconhece que a tatuagem se tornou um "fenómeno cultural no sentido em que ganhou grande popularidade na cultura popular" e que a integração da tatuagem em certas partes da sociedade "ajudou a normalizar tanto a prática como os seus participantes". De acordo com Waterhouse (2009), a arte é "algo que oferece um resultado agradável ou belo", ao passo que a tatuagem é "amplamente considerada como 'barata', pouco sofisticada e até nojenta". No entanto, DeMello (2000) indica que a introdução de imagens "artísticas" produzidas sob a forma de tatuagens ajudou a mudar a perceção das tatuagens. Além disso, Burgess e Clark (2010) descobriram que as tatuagens "incluem agora uma variedade de desenhos artísticos, por oposição aos desenhos tradicionalmente evocativos de ofensa", sugerindo que estas "obras de arte" são menos ofensivas. Sugerem também que "os indivíduos tatuados podem ser diferenciados pelo tipo, número e tamanho das tatuagens; e podem também ser diferenciados pela proporção do corpo que é coberta", o que apoia a ideia de que são certos factores da tatuagem que fazem com que uma pessoa não tatuada tenha preconceitos em relação a uma pessoa tatuada. No entanto, Atkinson (2002) descobriu que muitos participantes receavam que os seus colegas vissem as suas tatuagens como uma forma de "desvio intolerável". Isto sugere que, embora a perceção da tatuagem esteja a mudar, na medida em que algumas tatuagens são vistas como arte e não como um ato de desvio, ainda existem atitudes negativas em relação às tatuagens.

Embora seja evidente que algumas tatuagens têm conotações criminosas, outras têm significados questionáveis. Por conseguinte, é importante descobrir a intenção por detrás das tatuagens antes de julgar o seu utilizador. Toch (2010) sugere que o dilema de um ex-recluso é tentar mostrar aos potenciais empregadores, bem como ao resto da sociedade, que já não é a pessoa que era. Ter tatuagens que possam ser interpretadas como criminosas só torna este processo mais difícil, uma vez que são um sinal exterior da sua fidelidade ao mundo do crime. Maruna (2012) utiliza a teoria da sinalização para sugerir que aspetos como a aparência são "sinais relativamente baratos" que mostram à sociedade que o indivíduo foi reabilitado e já não é uma ameaça. Por conseguinte, é extremamente importante compreender as conotações criminosas de certas tatuagens, uma vez que algumas organizações de justiça penal podem utilizar esta informação para julgar uma pessoa com tais tatuagens.

A Secção de Crime Organizado da Agência dos Serviços de Fronteira do Canadá (2008) publicou um documento destinado a informar as autoridades policiais de todo o mundo sobre os símbolos de tatuagens comuns nos criminosos. Uma dessas tatuagens é a teia de aranha. A publicação refere que a teia de aranha é representativa do tempo passado na prisão ou "apanhado na teia do inescapável 'estilo de vida de gangue'" (Canada Border Services Agency, 2008). Além disso, a teia de aranha tatuada no cotovelo de um recluso pode simbolizar um racismo extremo, uma vez que a pessoa que usa a tatuagem pode ter tido de matar alguém de outra etnia para "ganhar o direito de a usar" (Green 2013). Outro símbolo comum são os três pontos, normalmente tatuados na cara. De acordo com a Canada Border Services Agency (2008), esta tatuagem representa o percurso de um gangue: prisão, hospital, cemitério. Esta tatuagem pode representar uma posição mais elevada no gang, mas é geralmente encontrada em pessoas que passaram algum tempo na prisão. A tatuagem em forma de lágrima também tem conotações negativas. É comummente considerada como significando que o utilizador matou alguém, embora também possa significar que a pessoa cumpriu uma longa pena de prisão. De acordo com Austinstar (2012), uma mulher também pode fazer uma tatuagem em forma de lágrima se o seu parceiro masculino tiver ido para a prisão ou tiver morrido, e a tatuagem em forma de lágrima também pode representar o luto de um membro da família. Existem vários tipos de tatuagens em forma de lágrima, que parecem ter significados diferentes, embora sejam normalmente usadas no mesmo sítio - o canto exterior do olho - e ter muitas lágrimas pode indicar o número de pessoas que o utilizador matou (Austinstar 2012). Richard Lichten, um perito em cultura prisional, afirmou que as tatuagens dos reclusos também têm um significado pessoal e que, geralmente, as suas tatuagens representam o que é importante para o indivíduo. Independentemente da filiação, Lichten afirmou que "as pessoas fazem tatuagens na prisão para apoiar a sua raça e as pessoas que as rodeiam" (Lanfreschi 2013), o que coloca estas tatuagens sob uma luz ligeiramente mais positiva, na medida em que são vistas como marcas de lealdade, em vez de simples actos de desvio.

Curiosamente, muitas das tatuagens populares de hoje em dia são usadas por prisioneiros e, por conseguinte, têm também conotações negativas. Uma tatuagem de gato, por exemplo, pode representar o prisioneiro como um ladrão solitário, enquanto vários gatos juntos podem significar que o prisioneiro fazia parte de um gang (Baldaev 2006). As tatuagens de estrelas também ganharam popularidade nos últimos anos, mas, segundo Baldaev (2006), cada ponto da estrela pode representar um ano passado na prisão. Os pássaros também podem ter uma conotação negativa, uma vez que podem significar que o prisioneiro sente que deveria estar livre em vez de ser punido por um crime pelo qual foi condenado. Do mesmo modo, as tatuagens de cruzes podem significar servidão ou escravatura, em vez de indicarem a religião do utilizador. Outra tatuagem de prisão importante no Reino Unido, a par da marca Borstal, é o acrónimo ACAB ("All Coppers Are Bastards") (Dalrymple 1995), uma vez que identifica claramente o utilizador como um desviante, ou mesmo como parte de um gangue. De acordo com Baldaev (2006), as tatuagens são extremamente importantes na prisão. Assim, é muito fácil para uma organização de justiça penal, como a polícia, reconhecer um ex-recluso pelas marcas na sua pele. Além disso, permite-lhes avaliar a probabilidade de o indivíduo causar problemas numa determinada situação, devido ao estigma negativo.

Embora as conclusões de Lombroso sobre as caraterísticas físicas de um criminoso tenham sido refutadas nos últimos anos, os estereótipos que criou continuam a ser altamente visíveis e reconhecidos atualmente. Fleming (2000) argumenta que "Lombroso deu à sociedade uma chave visual para identificar as pessoas que temia", levando os bons cidadãos cumpridores da lei a evitar coisas como as tatuagens. Lombroso descobriu que "as tatuagens indicavam criminalidade" (Arjunan 2000) e, desenvolvendo este ponto, Fletcher (1971) descobriu que o atavismo dos criminosos está correlacionado com as tatuagens. Na sua investigação sobre o estereótipo do criminoso, MacLin e Herrera (2006) descobriram que "a caraterística física número um associada aos criminosos era a presença de tatuagens". Este tipo de estereótipo pode acabar por ter um impacto negativo na vida de uma pessoa tatuada. Lippmann (1956) definiu os estereótipos como uma "reprodução mental da realidade", mas atualmente o termo refere-se a "generalizações - ou, muitas vezes, generalizações excessivas - sobre os membros de um grupo" (Plous 2003). Embora a modificação corporal não seja necessariamente um exemplo de desvio, certos métodos de modificação corporal podem indicar que o indivíduo está a levar um estilo de vida desviante. De acordo com Phillips (2001), "a marcação permanente do corpo reforça e desafia as divisões sociais existentes", e a tatuagem pode não só servir como uma ferramenta de "capacitação, individualidade e subsistência", mas também representar "opressão e exclusão" do resto da sociedade. Este julgamento externo pode, por conseguinte, ser uma fonte de dificuldades para um indivíduo que mais tarde deseje deixar a sua antiga vida para trás.

Além disso, Gadd (2006) salientou o impacto das tatuagens que identificam o indivíduo como desviante. Um membro do Partido Nacional Britânico (BNP) afirmou que o público interpretou essas tatuagens "como a marca de um desordeiro", o que o levou a tentar "remover as tatuagens". De acordo com Young e Gonzalez (2013), os indivíduos podem ser

marcados como membros de gangues por "símbolos de gangues, roupas, tatuagens e outros sinais visuais", o que pode tornar "a transição para fora do gangue mais difícil e perigosa". Além disso, as tatuagens de gangues "impedem as oportunidades de educação e emprego e a aceitação em actividades normais", e podem levar a confrontos com rivais. Phillips (2001) também descobriu que as tatuagens podem permitir a um indivíduo "entrar em mundos sociais" aos quais não teria acesso de outra forma, o que pode ser positivo ou negativo.
As tatuagens de prisão recordam tanto ao indivíduo como à sociedade que foram condenados, mas nalgumas culturas antigas os prisioneiros eram marcados pelo Estado para o conseguir, proporcionando uma ferramenta visual dolorosa para os distinguir do resto da sociedade. Para aumentar a dissuasão, os ladrões condenados eram marcados na bochecha, mas descobriu-se que isto tornava os condenados desempregados, pelo que se voltou a marcar o polegar (Emsley et al. 2014). Embora a marcação fosse vista como outra forma de punição para os condenados, alguns criminosos, nomeadamente membros de gangues, utilizam atualmente tatuagens da mesma forma, para mostrar que se destacam do resto da sociedade. De acordo com Decker (2008), "os associados de um indivíduo também podem ser usados para determinar se ele pertence a um gangue", e Bridges et al (2010) descobriram que os membros de gangues na prisão podiam ser identificados pelas suas tatuagens, bem como pelas suas cicatrizes e roupas. Os membros de gangues "usam frequentemente símbolos da sua pertença a gangues sob a forma de tatuagens", tornando-os facilmente identificáveis por agências como a polícia. Por exemplo, o Serviço de Polícia Metropolitana define um membro de gangue como "alguém que se identificou como membro de um gangue", o que é feito através de graffiti, declarações verbais e tatuagens (Bridges et al. 2010).

De acordo com Kang e Jones (2014), "as pessoas não podem controlar totalmente o significado dos seus próprios corpos tatuados", uma vez que "os contextos sociais em que vivem moldam as reacções e interpretações dos outros em relação às suas tatuagens". Além disso, Kenney (2014) concluiu que "as tatuagens expressam a identidade de uma pessoa, para além de criarem uma identidade", na medida em que não só "rejeitam os ideais corporais ou a cultura dominante", como também actuam como "marcadores subjectivos de identidade posicionados entre o eu e o observador". Por conseguinte, as tatuagens podem ser utilizadas para criar identidade, sendo exibidas deliberadamente, de modo a exigir uma reação do observador. Sugere-se também que existem várias explicações para o facto de as pessoas optarem por fazer tatuagens (Gustafson & Petreman 1963), incluindo a ideia de que "estabelecem a identidade de quem as usa". Edgerton e Dingman (1963) sugerem que esta ideia de identificação é uma extensão das sociedades que utilizam as tatuagens para indicar coisas como classe, afiliação tribal e parentesco, e que esta identificação pode realizar muitas coisas. É também proposta a ideia de que a tatuagem permite ao utilizador estabelecer uma relação com um determinado grupo, como as forças armadas ou um gang, ou com uma determinada pessoa, como o seu parceiro ou em memória de um ente querido. Além disso, Edgerton e Dingman (1963) descobriram também que as pessoas que não têm oportunidade de exprimir a sua identidade, como os jovens ou os doentes mentais, são mais susceptíveis de fazer uma tatuagem, pois é uma forma de "reagir a uma necessidade profundamente sentida" de auto-identificação (Gustafson & Petreman 1963).

Sugere-se que, para que a reabilitação seja bem-sucedida, o membro de gangue precisa de se livrar de tudo o que esteja associado ao estilo de vida do gangue, incluindo as tatuagens, que precisam de ser "identificadas, escondidas e consideradas para remoção ou mascaramento". Para tal, o sistema de justiça penal poderia estabelecer parcerias com centros de remoção de tatuagens ou profissionais médicos para minimizar o custo da remoção de tatuagens (Young & Gonzalez 2013). Isto apoia a ideia de que as tatuagens, particularmente as que têm conotações criminosas ou de gangues, devem ser removidas ou cobertas para que o indivíduo tenha mais oportunidades no futuro. O Gang Tattoo Removal Program (Programa de Remoção de Tatuagens de Gangues), na Califórnia, proporciona a remoção de tatuagens relacionadas com gangues a jovens que procuram emprego, formação ou educação adicional. No entanto, para se qualificar para este serviço, a tatuagem deve "estar em partes do corpo que seriam visíveis num ambiente de trabalho profissional e consideradas uma barreira ao emprego" (National Center for Justice Planning n.d.). Por conseguinte, isto sugere que a localização da tatuagem, bem como a imagem, é importante para determinar o que é ofensivo ou inadequado.

Apesar da legislação existente, como o Police and Criminal Evidence Act 1984, que afirma que a resposta da polícia ao público não deve ser influenciada por factores pessoais, Fox e Lane (2010) descobriram que "as percepções dos procuradores sobre os membros de gangues influenciam diretamente as suas respostas e reacções aos membros de gangues", sugerindo fortemente que a política sobre a forma como se espera que as organizações, como a polícia, tratem os indivíduos tatuados é diretamente influenciada pelos seus próprios preconceitos. Por conseguinte, compreender estas reacções é "essencial para reconhecer e interpretar as respostas legais aos gangues" (Fox & Lane 2010). Devido a esta "perceção em alguns círculos da sociedade ocidental de que as tatuagens são sinónimo de criminalidade" (O'Connor 2013), apesar da crescente popularidade das tatuagens, as organizações de justiça penal podem permitir que estas percepções influenciem a sua resposta aos criminosos tatuados. Um exemplo disto é o Governo de Queensland (2014), que tentou impedir que os criminosos fizessem tatuagens relacionadas com os actos criminosos que cometeram, promulgando legislação como a Tattoo Parlours Act 2013. Nos termos desta lei, os membros de organizações criminosas estão proibidos de "possuir, explorar ou trabalhar em salões de tatuagens de arte corporal". Também foi sugerido que "qualquer pessoa que deseje trabalhar como tatuador deve ser registada junto do governo", o que exigiria que fornecesse as suas impressões digitais e impressões palmares, bem como o consentimento para um controlo policial nacional, e daria à polícia o poder de entrar no seu estúdio de tatuagem sem um mandado a qualquer momento. Esta medida é motivada pela convicção de que "existe uma ligação entre os estúdios de tatuagens e os bandos de motards, que são responsáveis por grande parte do branqueamento de capitais" (O'Connor 2013). Estas associações apenas servem para reforçar a perceção negativa das tatuagens.

Apesar da crescente popularidade das tatuagens e da mudança de opiniões na sociedade, alguns estudos indicam uma ligação entre as tatuagens e os comportamentos desviantes. Carroll et al (2002) descobriram que "os participantes com tatuagens e/ou piercings tinham mais probabilidades de se envolverem em comportamentos de risco e em níveis de envolvimento mais elevados do que os que não tinham", e Koch et al (2010) examinaram a possível ligação entre a arte corporal e o desvio através de uma investigação com estudantes universitários. Dos 1753 participantes, 14% estavam tatuados e 37% tinham piercings, e concluíram que "mesmo a arte corporal extrema parece estar visivelmente presente no palco principal da faculdade e da universidade". Descobriram que aqueles que tinham quatro ou mais tatuagens "tinham cerca de duas a quase dez vezes mais probabilidades de relatar comportamentos desviantes do que aqueles que não tinham tatuagens", e tinham mais probabilidades de ter múltiplos parceiros sexuais e de consumir marijuana mensalmente. Verificou-se também que os estudantes com "múltiplas tatuagens, braços totalmente tatuados ou piercings íntimos" tinham "dez vezes mais probabilidades de ter um historial de detenção" (Koch et al. 2010). Curiosamente, de acordo com os resultados, apenas 28,6 dos inquiridos com quatro ou mais tatuagens admitiram ter bebido em excesso na semana anterior, em comparação com 36,1 dos inquiridos sem tatuagens e 47,6 dos inquiridos com apenas uma tatuagem (Koch et al. 2010). Além disso, Koch et al (2010) afirmam que a sua investigação é "limitada tanto no âmbito como na interpretação" e que, embora tenham encontrado uma correlação entre a arte corporal e o comportamento desviante, "correlação não é causalidade".

Um fator que Koch et al. não tiveram em conta foi a localização da tatuagem. Adams (2009) verificou que mais de 70% dos inquiridos com tatuagens nas mãos, dedos, pescoço ou rosto tinham passado algum tempo na prisão, em comparação com cerca de 6% dos inquiridos sem tatuagens. Além disso, quase 25% dos inquiridos com tatuagens, mas não nas áreas "extra-estigmatizantes" acima descritas, tinham passado três ou mais dias na prisão. Adams (2009) conclui que "a prática da tatuagem parece ainda manter algumas das suas caraterísticas marginais" e sugere que, apesar da crescente popularidade das tatuagens nos últimos tempos, estas "não foram massivamente adoptadas por pessoas mais velhas, com níveis de educação mais elevados ou com rendimentos mais elevados".

Estes dados sugerem uma correlação entre tatuagens e comportamentos desviantes, pelo que seria interessante examinar de que forma são afectadas as opções de vida de um indivíduo com tais tatuagens, em especial daqueles que se envolveram anteriormente num estilo de vida criminoso. Em Singapura, uma das disposições da liberdade condicional supervisionada é que o ex-recluso deve "remover as suas tatuagens por um médico dentro de um período específico a partir da data da ordem de liberdade condicional" (Ang n.d.), mas este não é um requisito para os indivíduos em liberdade condicional no Reino Unido. A ideia de que a remoção de tatuagens reduz o risco de reincidência é contestada por Putnins (2002), que concluiu que "nem o estado das tatuagens nem o desejo (entre os que têm tatuagens) de as remover estavam significativamente relacionados com o estado de reincidência 6 meses após a libertação de jovens delinquentes do sexo masculino ou feminino" e que "o estado das tatuagens não pode ser utilizado como indicador do risco de reincidência". No entanto, sugere-se que determinados aspectos da tatuagem, como o tamanho, o desenho ou a quantidade, podem estar relacionados com a criminalidade, mas que é necessária mais investigação.

Embora o facto de ter tatuagens visíveis ou tatuagens com conotações criminosas óbvias possa ser um obstáculo ao emprego, o facto de ter uma condenação "passada" não é. De acordo com a Lei de Reabilitação de Delinquentes de 1974 (Crown n.d.), é ilegal uma entidade patronal recusar um emprego a alguém simplesmente por ter sido condenado a 30 meses ou menos. Além disso, os candidatos a emprego não são obrigados a informar os potenciais empregadores sobre essas condenações, mas podem ver recusada uma oferta de emprego se for necessário verificar o registo criminal e a condenação passada mostrar que o candidato não é adequado para o emprego. Este facto sugere que, embora o facto de ter passado algum tempo na prisão não seja necessariamente um obstáculo à obtenção de determinados empregos, as tatuagens visíveis podem sê-lo. Timming (a publicar) analisou as opiniões de pessoas visivelmente tatuadas sobre a sua capacidade de conseguir um emprego. Estas pessoas referiram vários graus de preconceito por parte de potenciais empregadores, que dependiam principalmente da localização da tatuagem, o que levou à conclusão de que "nem todas as tatuagens visíveis são criadas de forma igual". Este facto demonstra claramente a ideia de que determinadas localizações podem criar mais preconceitos. Apenas um participante lamentou as suas tatuagens e explicou que as suas tatuagens faciais de teias de aranha e símbolos estavam claramente ligadas ao gang de skinheads neonazis a que tinha aderido aos 16 anos. Sugeriu que os empregadores que o recusaram por ter tatuagens no rosto eram responsáveis por "tudo o que correu mal na sua vida", uma vez que o facto de não conseguir arranjar emprego "levou-me a cometer actos criminosos" (Timming, a publicar). Isto apoia a relevância da profecia auto-realizável (Merton 1948), uma vez que este participante atribuiu o seu estilo de vida criminoso ao julgamento que recebeu e, por conseguinte, à sua falta de oportunidades de emprego, devido às suas tatuagens visíveis. No entanto, outro entrevistado com tatuagens faciais estava empregado, pelo que se sugere que o desenho das suas tatuagens é um fator importante. Esta hipótese é apoiada pelas quatro categorias de tatuagens de Lombroso, discutidas anteriormente (Arjunan 2000). Além disso, a tatuagem cosmética, embora efectuada no rosto, também é vista de forma bastante positiva e tem sido descrita como um método de "restaurar a dignidade das pessoas" (Smith 2012). Isto sugere que, se uma tatuagem tiver um aspeto natural, como sobrancelhas tatuadas ou imitações de sardas, ou tiver uma conotação positiva ou útil, como a tatuagem médica, não será associada ao desvio da mesma forma que outras tatuagens. Verificou-se igualmente que, enquanto o primeiro participante tinha tatuagens com "conotações potencialmente políticas", as tatuagens do segundo participante eram "aparentemente de natureza não política" (Timming, a publicar), pelo que este facto é utilizado como uma possível explicação para o facto de o primeiro participante não ter conseguido encontrar um emprego.

Além disso, Burgess e Clark (2010) também se centraram na ideia de que "nem todas as tatuagens transmitem a mesma informação", demonstrando que as tatuagens contemporâneas "foram avaliadas de forma significativamente mais positiva do que as suas homólogas tradicionais", o que significa que o utilizador era, por conseguinte, "significativamente mais empregável". Estes resultados sugerem que as atitudes gerais em relação às tatuagens mudaram na sociedade, na medida em que, em vez de equiparar imediatamente uma pessoa tatuada a um criminoso, as decisões são baseadas noutros factores, como o desenho da tatuagem. Esta investigação também infere que, uma vez que as tatuagens não constituem uma barreira automática ao emprego ( ), as pessoas tatuadas não são mais susceptíveis de recorrer ao crime devido à falta de oportunidades de emprego, como sugeriu um dos participantes na investigação de Timming.

De acordo com Durkin e Houghton (2000), se "os estereótipos que associam as tatuagens à criminalidade influenciam de facto os juízos que as pessoas fazem dos outros, isso teria implicações para o conhecimento do preconceito em contextos como o testemunho, a identificação, a tomada de decisões do júri e a sentença". Num estudo realizado por Seiter e Hatch (2005), os participantes avaliaram a credibilidade de pessoas tatuadas e não tatuadas através da observação de fotografias e descobriram que "as suas classificações de credibilidade eram geralmente mais baixas quando tinham tatuagens do que quando não tinham". Além disso, Montgomery (2012) concluiu que "os jurados fazem suposições .

Por conseguinte, ocultar as tatuagens tornou-se uma opção se for possível argumentar com êxito que as tatuagens de uma pessoa teriam um efeito negativo na perceção do júri. Este facto sugere fortemente que as tatuagens podem criar uma impressão negativa. Pritchard (2010) explica como as tatuagens podem ser "interpretadas quer como um sinal de filiação numa ordem social, quer como uma manifestação patológica 'infantil', 'auto-destrutiva' ou 'opositiva' da interface entre o indivíduo e a sociedade". Esta descrição ilustra perfeitamente as diferentes atitudes em relação às tatuagens em diferentes culturas, e Pritchard continua a sugerir que as tatuagens são vistas como uma ferramenta que pode aproximar as pessoas ou criar uma barreira entre elas. A tatuagem é vista como uma forma de nos identificarmos na cultura Maori, enquanto que as tatuagens podem ser vistas como uma barreira a certas coisas em países como o Reino Unido. Sugere-se que isto se deve ao facto de a tatuagem ainda estar de certa forma associada às classes mais baixas e criminosas (Fletcher 1971), sendo por isso vista de forma negativa, apesar das recentes mudanças de opinião na sociedade.

## Capítulo 5

## A polícia é o público e o público é a polícia" - Tatuagens e empregabilidade

Este capítulo explorará os problemas associados à procura de emprego por parte de pessoas tatuadas e a forma como o facto de serem tatuadas afecta as suas oportunidades de vida. Analisará também as políticas relacionadas com a forma como se espera que a polícia trate os membros da sociedade, em comparação com a forma como trata os potenciais empregados.

Em 1829, Sir Robert Peel publicou os Principles of Policing (Home Office 2012), que incluíam o conceito de que "a capacidade da polícia para desempenhar as suas funções depende da aprovação do público", bem como a sua capacidade para "assegurar e manter o respeito do público". Esta filosofia de policiamento também incluía o ponto de vista de que a polícia deveria fornecer "serviço individual e amizade a todos os membros da sociedade, independentemente da raça ou estatuto social", indicando o início da política de que a polícia não deveria discriminar qualquer membro da sociedade. Embora a Lei sobre a Polícia e a Prova Criminal de 1984 não afirme explicitamente que os agentes da polícia não podem discriminar pessoas com tatuagens, afirma que "a suspeita razoável nunca pode ser apoiada com base em factores pessoais", em relação à busca de uma pessoa ou de instalações (Home Office 2011).

Segundo Becker (1963), aqueles que estabelecem as regras na sociedade decidem quais os comportamentos desviantes, de modo a refletir as normas sociais seguidas pela maioria da sociedade. A relevância desta teoria é demonstrada pelos efeitos da cultura policial. Ingram et al (2013) sugerem que a cultura policial se centra na "homogeneidade cultural" e está, por conseguinte, "ligada a uma única cultura" (Paoline 2014). Além disso, Ingram et al (2013) descobriram que "os agentes são descritos como suspeitos e desconfiados em relação aos cidadãos", e as suas conclusões também sugerem que ocorrem padrões em diferentes organizações policiais.

No entanto, verificou-se também que a "homogeneidade generalizada de atitudes" no seio da polícia foi sobrestimada e que também foram encontradas "diferenças culturais significativas" (Ingram et al. 2013). Isto sugere que, embora a maioria dos agentes da polícia partilhe as mesmas atitudes em relação a determinadas coisas, existem diferenças, e essas diferenças reflectem-se na constatação de que "os agentes da polícia se adaptam às tensões do trabalho de formas diferentes" (Ingram et al. 2013).

Em 2012, o Serviço de Polícia Metropolitana publicou os seus objectivos de igualdade, que definem a forma como pretende cumprir a Lei da Igualdade de 2010. O seu terceiro objetivo declara que pretende "ter uma força de trabalho que seja mais representativa das comunidades que servimos", concentrando-se em melhorar a "progressão de grupos sub-representados através de recrutamento direcionado, retenção, ação positiva e iniciativas de desenvolvimento de carreira" (Mayor's Office for Policing and Crime 2014). Além disso, tencionam "continuar a desenvolver um ambiente de trabalho em que todos os nossos funcionários sintam que são tratados com dignidade e respeito". Afirmam que uma forma de medir o sucesso deste objetivo é através do inquérito aos funcionários. No entanto, um artigo da Federação da Polícia de Inglaterra e do País de Gales (2013), que afirma ser "a voz do serviço desde 1968", alega que as novas diretrizes sobre tatuagens introduzidas pelo Serviço da Polícia Metropolitana são discriminatórias e injustas. Sugere-se que as tatuagens são uma forma de um agente da polícia ganhar o respeito de alguns membros do público, o que está de acordo com os objectivos de Peel, e "são um excelente quebra-gelo" (Police Federation of England and Wales 2013).

Por outro lado, McGinty (2012) concorda com a premissa de que "policiais com tatuagens elaboradas" só servem para "prejudicar a imagem profissional" do serviço policial como um todo. Embora admita que "ao usar uma tatuagem, um agente da polícia demonstra que compreende e faz parte da sociedade contemporânea", e que se trata de uma ferramenta visual que permite aos agentes da polícia interagir com uma grande parte da sociedade através do "laço tácito" de ser tatuado, McGinty (2012) continua a afirmar que as tatuagens são sinónimo de agressão. Sugere que pedir aos agentes da polícia que escondam as suas tatuagens os faria parecer "desordeiros" e afirma que "um agente da polícia não é um membro comum do público e não queremos que o seja", apesar das tentativas de cada força policial para garantir que os seus agentes reflectem a comunidade que servem (Mayor's Office for Policing and Crime 2014). Isto mina o princípio de que "a polícia é o público e o público é a polícia" (Home Office 2012), uma vez que McGinty sugere que os agentes da polícia tatuados seriam vistos de forma negativa pelo público, devido à perceção de que as tatuagens estão ligadas à agressão e a comportamentos criminosos ou desviantes.

O documento MPS Equality Objectives (Objectivos de Igualdade do MPS) descreve como o Serviço de Polícia Metropolitana pretende garantir um serviço justo e igual para todos. O seu terceiro objetivo, ter pessoal que seja 'mais representativo das comunidades que servimos' (Mayor's Office for Policing and Crime 2014), é particularmente importante porque, como as tatuagens se tornaram mais populares, empregar agentes tatuados seria de facto representativo da comunidade. Em comparação, a Polícia da Nova Zelândia tentou trabalhar com os Maori para garantir a equidade nas suas estratégias de policiamento, o que será discutido em mais pormenor posteriormente.

Outro documento político importante, publicado pelo Ministério do Interior em 2003, descreve os critérios de recrutamento para as forças policiais em Inglaterra e no País de Gales, mas é nas secções que se referem às tatuagens que nos vamos concentrar neste debate. Este documento político é importante porque inclui considerações que devem ser tidas em conta quando uma pessoa tatuada se candidata a um emprego. Afirma que "os candidatos ao serviço de polícia e os agentes em serviço devem ter uma aparência geral consistente com o código de conduta dos agentes de polícia" (Home Office 2003), mas também que cada caso de um candidato com tatuagens visíveis "deve ser considerado com base nos seus méritos". O documento também refere no endereço que "a natureza, localização, proeminência e aparência das tatuagens devem ser tidas em conta", sugerindo que algumas tatuagens são mais aceitáveis do que outras. No entanto, embora o Serviço de Polícia Metropolitana afirme razoavelmente que qualquer pessoa com tatuagens ofensivas, violentas ou discriminatórias não seria aceite, afirma ainda que todas as tatuagens devem ser cobertas durante o serviço ou no trabalho (Gabinete do Presidente da Câmara para o Policiamento e a Criminalidade, 2013), pelo que não seriam visíveis de qualquer forma. Isto está de acordo com o novo código de vestuário, que afirma que "todas as tatuagens visíveis prejudicam a imagem profissional do Serviço de Polícia Metropolitana" (The Police Federation 2013).

Em comparação, a Devon & Cornwall Constabulary tem diretrizes semelhantes sobre tatuagens e, embora não declare se todas as tatuagens devem ser cobertas quando um agente está em serviço ou no trabalho, declara no seu documento de pré-candidatura para o recrutamento de agentes da polícia que um potencial candidato não deve ter quaisquer tatuagens que possam ser ofensivas (Devon & Cornwall Constabulary 2013). Da mesma forma, ambas as forças afirmam que todas as tatuagens devem ser declaradas durante o processo de candidatura, e a Devon & Cornwall exige o envio de duas fotografias. Uma das fotografias deve mostrar claramente a localização da tatuagem no corpo, e a outra deve mostrar claramente a imagem da tatuagem (Devon & Cornwall Constabulary 2013), o que sugere fortemente que algumas tatuagens, localizadas em certas partes do corpo, são mais aceitáveis do que outras. Esta parece ser uma prática comum das forças policiais em todo o país, uma vez que a Kent Police (n.d.) também exige que seja seguido o mesmo processo. O objetivo destas diretrizes em matéria de tatuagens é garantir que todos os agentes da polícia "apresentem uma imagem profissional, [e] sejam sensíveis à impressão que causarão nos membros do público" (Mayor's Office for Policing and Crime 2013). Para além disso, a Polícia de Kent afirma que as modificações corporais não devem "violar o padrão de comportamento profissional dos agentes da polícia em serviço ou representar um risco para a saúde e segurança dos agentes da polícia" () (Kent Police n.d.). O padrão de comportamento profissional, tal como definido pelo Ministério do Interior (2008), inclui dez padrões fundamentais. São elas a honestidade e a integridade, a autoridade, o respeito e a cortesia, a igualdade e a diversidade, o uso da força, as ordens e as instruções, os deveres e as responsabilidades profissionais, a confidencialidade, a aptidão para o serviço ou para o trabalho, a conduta desacreditada e a contestação e comunicação de condutas inadequadas.

Entre as dez normas, destacam-se a igualdade e a diversidade. O Hampshire Constabulary (n.d.) define-as como a ausência de discriminação "ilegal ou injusta" e o respeito pelos indivíduos, as suas tradições, crenças e estilos de vida. O Ministério do Interior (2008) alarga esta definição, afirmando que esta deve ser "compatível com o Estado de direito" e que os agentes da polícia devem "ter em devida conta a necessidade de eliminar a discriminação ilegal" e de promover "a igualdade de oportunidades e as boas relações entre pessoas de grupos diferentes". Este ponto é particularmente interessante porque as tatuagens se enquadram no Estado de direito, na medida em que, se a pessoa tatuada tiver mais de 18 anos, como previsto na Lei sobre a Tatuagem de Menores de 1969, as suas tatuagens não são ilegais. A Lei sobre a Tatuagem de Menores de 1969 estabelece que é uma infração "tatuar uma pessoa com idade inferior a dezoito anos, a menos que a tatuagem seja feita por razões médicas por um médico devidamente qualificado ou por uma pessoa que trabalhe sob a sua direção" (Crown n.d.). De acordo com as definições acima referidas, um agente da polícia não deve discriminar um membro do público tatuado.

Em comparação, a Polícia da Nova Zelândia (2014) também afirma que o papel de um agente da polícia é "reconhecer e responder à diversidade da nossa sociedade e servir todas as pessoas com dignidade", reconhecendo os valores, as liberdades e os direitos de todos. No entanto, embora a polícia neozelandesa afirme que "procura pessoas que compreendam as diferentes culturas", a fim de "refletir melhor a crescente diversidade da Nova Zelândia", também declara que "os funcionários não devem ter tatuagens em áreas visíveis, como as mãos ou o rosto". Isto é um pouco mais relaxado ( ) do que as normas de recrutamento estabelecidas pelo Ministério do Interior, mas a política da Polícia da Nova Zelândia estabelece que os agentes com tatuagens nos braços serão obrigados a cobri-las se estiverem em contacto regular com o público, e que algumas tatuagens inadequadas não são aceitáveis (Polícia da Nova Zelândia 2014). No entanto, sabe-se que os Maori utilizam tatuagens na sua cultura, pelo que seria razoável sugerir que, para ter a compreensão necessária das diferentes culturas, um agente da polícia deve estar ciente deste facto. Além disso, o facto de ser tatuado pode também ajudar os membros da comunidade Maori a relacionarem-se com os agentes da polícia, tal como sugerido pela Federação da Polícia de Inglaterra e do País de Gales (2013). É talvez por esta razão que as tatuagens estão protegidas ao abrigo da Lei dos Direitos Humanos da Nova Zelândia de 1993 (Human Rights Commission 2008). Isto significa que uma pessoa pode apresentar uma queixa se suspeitar que a sua tatuagem é a razão pela qual não conseguiu um emprego. No Reino Unido, embora a Lei dos Direitos Humanos de 1998 proteja os trabalhadores contra a discriminação e a Lei da Igualdade de 2010 proteja certos factores contra a discriminação, como a idade, a deficiência e a raça (Crown n.d.), as tatuagens não estão incluídas na lista de factores protegidos.

As tatuagens são mencionadas na Disability Discrimination Act (Lei sobre a Discriminação das Pessoas com Deficiência) de 1995 e depois nos Regulamentos da Disability Act (Lei sobre a Deficiência) de 2010, e afirma-se que as tatuagens e os piercings corporais não médicos "devem ser tratados como não tendo um efeito adverso substancial na capacidade da pessoa para realizar as actividades normais do dia a dia" (Disability Rights Commission 2002). Embora as tatuagens não sejam claramente uma deficiência, não é normalmente a pessoa com a tatuagem que diz que o facto de ter uma tatuagem a impede de realizar as suas actividades diárias. Na realidade, são os empregadores que sugerem que as tatuagens afectam as pessoas de alguma forma, e é esta opinião que impede as pessoas tatuadas de conseguirem emprego. Um estudo realizado por investigadores da Universidade de St Andrews concluiu que "ainda existem conotações negativas entre os empregadores sobre tatuagens visíveis e as percepções que as rodeiam" (Baxendale 2013). Neste estudo, que analisou as respostas dos gestores de contratação, verificou-se que "uma tatuagem visível impediria um candidato de conseguir um emprego" (Timming, a publicar), apoiando a ideia de que existe discriminação contra as tatuagens no local de trabalho. Um dos gestores entrevistados, ele próprio tatuado, "descreveu os tatuados visíveis como desempregados típicos e pessoas de 'classe baixa' que vivem num 'bairro social'". Um participante, que gere uma empresa de paisagismo, afirmou que "as tatuagens fazem com que a pessoa pareça suja", enquanto outro participante, que é proprietário e gestor de um salão de beleza, sugeriu que esta discriminação se deve ao facto de "as pessoas terem preconceitos inconscientes contra pessoas com um determinado aspeto". Aparentemente, as tatuagens são sinónimo de "comportamento questionável" (Timming, a publicar). Curiosamente, a forma como os clientes percepcionam os empregados tatuados é o que importa, tornando as opiniões dos participantes "largamente irrelevantes". Um participante especulou que os clientes podem ter uma visão negativa dos empregados tatuados devido ao aparente estereótipo de que as pessoas tatuadas são 'rufias' e 'drogados' sem educação, e outro disse que se um cliente fosse recebido por "um rececionista com armas ou facas tatuadas, ou tatuagens de 'ódio'", isso dar-lhe-ia uma má primeira impressão da empresa. No entanto, isto sublinha a importância do desenho e é a única menção de desenhos específicos, em vez de uma proibição total de tatuagens visíveis. Sugere que um desenho inócuo num local visível pode ser mais aceitável do que um desenho ofensivo, como nos exemplos acima referidos. No entanto, verificou-se que "as tatuagens visíveis podem ser vistas como reduzindo as hipóteses de emprego de um candidato a um emprego", pelo que se concluiu que "a arte corporal pode, portanto, ser um obstáculo importante às hipóteses de uma pessoa ser bem sucedida numa entrevista de emprego" (Timming, a publicar).

Curiosamente, Timming (a publicar) também encontrou uma aparente discriminação positiva no sítio contra pessoas com tatuagens. Descobriu que alguns empregos, como os dos serviços prisionais, assistentes sociais e "lojas de roupa da moda" podem "contratar intencionalmente pessoas com arte corporal visível", uma vez que isso reflecte a marca que estão a tentar vender e permite que o empregado tatuado estabeleça uma relação com os clientes ou utilizadores do serviço. Além disso, verificou-se que os recrutadores eram "muito menos preconceituosos quando recrutavam para funções nos bastidores, por oposição a funções viradas para o cliente". Timming (no prelo) afirma que "a arte corporal tem como objetivo provocar uma resposta emocional do espetador" e que esta resposta pode ser positiva ou negativa, com imagens desagradáveis a reforçar o preconceito. Um participante afirmou que "certos tipos de tatuagens podem dizer certas coisas", sendo que "símbolos inofensivos como flores ou borboletas" são amplamente aceites e as tatuagens militares são vistas como "um distintivo de honra". No entanto, as tatuagens desagradáveis incluem imagens que remetem para a morte, as lágrimas discutidas num capítulo anterior, que são amplamente aceites como representando o utilizador que matou alguém, imagens de natureza sexual, "tudo o que tenha conotações de droga", tudo o que seja de natureza política e imagens que possam ser entendidas como racistas.

Timming (a publicar) concluiu que, apesar de os gestores de recrutamento admitirem ter preconceitos contra pessoas visivelmente tatuadas, "estes preconceitos eram em grande parte motivados por estereótipos imputados sobre as expectativas dos consumidores", sugerindo que alguns clientes, em particular os jovens, não se sentiriam de facto ofendidos por um empregado visivelmente tatuado. Esta hipótese é corroborada pelo facto de alguns locais de trabalho aceitarem melhor a arte corporal, chegando mesmo a contratar intencionalmente pessoas com essa arte. Concluiu-se também que o desenho da tatuagem é um fator decisivo para determinar se é ofensivo ou desagradável. Além disso, Wimmer (2013) sugere que "o conteúdo e a localização das tatuagens são factores importantes na impressão que deixam nos outros", particularmente no local de trabalho, e o foco está também na própria "cultura empresarial", uma vez que as tatuagens seriam mais aceitáveis em alguns locais de trabalho do que noutros. Como resulta claramente de legislação como a Lei dos Direitos Humanos de 1998 e a Lei da Igualdade de 2010 (Crown n.d.), os empregadores podem discriminar pessoas com arte corporal, uma vez que não se trata de uma categoria protegida, embora, como Timming (a publicar) sugere, "talvez à medida que a arte corporal se torna mais prevalecente, as leis laborais possam evoluir para proteger pelo menos alguns tipos de imagens". Esta recomendação seria, sem dúvida, bem recebida pela comunidade de tatuadores, pois significaria que a sua arte corporal estaria protegida pela legislação sobre discriminação.

**Capítulo 6**

**Conclusão**

Com base em material como artigos de jornais, documentos de política e sítios Web oficiais, esta investigação procurou averiguar os efeitos da ligação entre tatuagens e crime na sociedade. Com isto em mente, procurou descobrir se as pessoas tatuadas são discriminadas, particularmente no local de trabalho, e quais os factores que causam esta discriminação. Foram encontrados temas comuns que serão discutidos neste capítulo de conclusão.

As conclusões sugerem que as pessoas tatuadas são de facto discriminadas e que a legislação, como a Lei da Igualdade de 2010, não protege contra essa discriminação no local de trabalho no Reino Unido. Em comparação, na Nova Zelândia, a Lei dos Direitos Humanos de 1993 protege os cidadãos Maori da discriminação quando procuram emprego, uma vez que as suas tatuagens são extremamente importantes na sua cultura. Esta investigação sugere que seria benéfico um estudo mais aprofundado neste domínio, centrado em particular nas razões pelas quais as tatuagens não são protegidas neste país, ao passo que o são na Nova Zelândia.

A investigação sobre os procedimentos de emprego revelou que algumas organizações discriminam abertamente as tatuagens. A política de recrutamento da polícia estabelece que as tatuagens devem ser declaradas durante o processo de recrutamento e depois cobertas se a pessoa receber uma oferta de emprego. Isto parece ir diretamente contra as orientações que a polícia deve seguir quando lida com o público - não discriminar e tratar todos de forma justa, independentemente de factores pessoais.

Esta tese pode também concluir que o desenho da tatuagem deve ainda ser tido em consideração. Não é permitido a um candidato a agente de polícia filiar-se em qualquer grupo racista ou ofensivo ( ). Por conseguinte, se uma pessoa tiver uma tatuagem que simbolize claramente uma tal filiação, é razoável que seja rejeitada com base nesse facto, uma vez que essa ligação poderia tornar o agente parcial em relação a certos membros da sociedade. No entanto, os ex-reclusos com determinadas tatuagens que possam ser consideradas ofensivas devem ter a oportunidade de as explicar e de as remover, a fim de provar que foram reabilitados. A intenção de quem as usa deve, portanto, ser tida em conta, porque, como mostra a investigação sobre os diferentes significados das tatuagens, várias tatuagens podem ter múltiplos significados, e uma proibição geral de tatuagens visíveis, como foi recentemente introduzida pelo Serviço de Polícia Metropolitana, é uma generalização injusta. Esta tese sugere que tais generalizações não dão às pessoas tatuadas as oportunidades que merecem.

O motivo da tatuagem é importante, como mostra o número crescente de pessoas com tatuagens médicas ou cosméticas, mas a localização da tatuagem também é um fator. De acordo com a política de recrutamento da polícia, qualquer tatuagem que não seja visível durante o uso do uniforme não deve constituir um problema aquando da contratação. No entanto, como a polícia pede aos candidatos que forneçam fotografias e uma explicação de todas as tatuagens, uma tatuagem considerada ofensiva pode ser um obstáculo ao emprego, mesmo que não seja visível durante o serviço. Esta proibição geral de tatuagens visíveis pode criar um obstáculo adicional para os ex-reclusos.

Estas conclusões são importantes porque sugerem que devem ser feitas alterações à legislação existente, como a Lei da Igualdade de 2010, para incluir as tatuagens - e, numa medida razoável, outras formas de modificação do corpo - na lista de qualidades protegidas. A perceção da ligação entre tatuagens e crime ainda hoje é evidente, mas à medida que a sociedade aceita melhor as tatuagens, algumas organizações, como a polícia, têm de alterar as suas diretrizes de recrutamento em conformidade. Para que essas mudanças ocorram, é necessária mais investigação. O trabalho de Timming é relativamente único, na medida em que parece adotar um ângulo diferente de outros trabalhos deste tipo. Esta tese recomenda que sejam efectuados estudos semelhantes, não só para observar os preconceitos contra as pessoas tatuadas, mas também para sensibilizar para as consequências desses preconceitos. Não se pode recusar um emprego a um ex-recluso se a sua condenação estiver "passada", por isso as tatuagens que possam ligá-lo a um estilo de vida criminoso também não devem ser um obstáculo ao emprego. Uma investigação mais aprofundada poderia também revelar se foram efetivamente introduzidas alterações desde a realização deste estudo e qual o impacto dessas alterações nas pessoas com tatuagens.

**Lista de referências**

Adams, J., 2009. Marked Difference: Tattooing and its Association with Deviance in the United States [Diferença Marcada: Tatuagem e sua Associação com o Desvio nos Estados Unidos]. *Deviant Behavior.* 30 : 3, 266-292.

Ang, B.L., n.d. *Community-Based Rehabilitation of Offenders in Singapore* [em linha]. Disponível em: http://www.unafei.or.jp/english/pdf/RS_No61/No61_15VE_Ang1.pdf [25.03.2014].

Arjunan, M., 2000. *Cesare Lombroso* [em linha]. Disponível em: http://www.criminology.fsu.edu/crimtheory/lombroso.htm [12.01.2014].

Atkinson, M., 2002. Pretty in ink: Conformity, resistance and negotiation in women's tattooing. *Sex Roles.* 47 : 219-234.

Austinstar, 2013. *Prison tattoo meanings, Jailhouse tattoos, Prison tattoo art, Bad tattoos* [online]. Disponível em: http://austinstar.hubpages.com/hub/Prison-tattoo-meanings-Jailhouse-tattoos-Prison-tattoo-art [13.11.2013].

Baldaev, D., 2006. *Encyclopedia of Russian Criminal Tattooing Volume II.* Londres: FUEL.

Baxendale, O., 2013. *Uma tatuagem é um tabu para si?* [online]. Disponível em: http://employmentlawblog.ffw.com/category/discrimination [26.03.2014].

Becker, H., 1963. *Outsiders: Studies in the Sociology of Deviance.* Nova Iorque: Free Press.

Bell, F., 2011. Connectivism: Its place in theory-informed research and innovation in technology-enabled learning. *Revista Internacional de Investigação em Ensino Aberto e à Distância,* 12(3) : 98-118.

Bell, J., 2010. *Doing Your Research Project.* 5ª ed. Maidenhead: Open University Press.

Blackwell, T., 2013. *Tatuagens já não são só para marinheiros: O Hospital de Ottawa disse que não pode obrigar os enfermeiros a esconder arte corporal ou a remover piercings* [online]. Disponível em: http://news.nationalpost.com/2013/01/17/tattoos-no-longer-confined-to-sailors-ottawa-hospital-told-it-cant-force-nurses-to-hide-body-art-or-remove-piercings/

[13.11.2013] .

Brean, J., 2013. *From counterculture to mainstream: Why the red-hot tattoo boom is bound to end* [online]. Disponível em: http://news.nationalpost.com/2013/08/16/why-this-red-hot-tattoo-boom-is-bound-to-end-with-regret-again/ [13.11.2013].

Brian, F. e Naylor, M., 2013. *Polícias recusam 18 recrutas por terem tatuagens* [em linha]. Disponível em: http://www.derbytelegraph.co.uk/Cops-turn-away-18-recruits-tattoos/story-19516312-detail/story.html [13.11.2013].

Bridges, A., O'Connor, D. e Owers, A., 2010. *A gestão de questões de gangues entre crianças e jovens sob custódia prisional e na comunidade: uma revisão temática conjunta* [online]. Disponível em: http://www.justice.gov.uk/downloads/publications/inspectorate-reports/hmiprobation/joint-thematic/Joint_gangs_thematic_2010-rps.pdf [09.03.2014].

Burgess, M. e Clark, L., 2010. Do the "Savage Origins" of Tattoos Cast a Prejudicial Shadow on Contemporary Tattooed Individuals? *Journal of Applied Social Psychology.* 40(3) : 746-764.

Carroll, S.T., Myhre, E.B., Roberts, T.A., & Riffenburgh, R.H., 2002. Tattoos and Body Piercings as Indicators of Adolescent Risk-Taking Behaviors (Tatuagens e piercings corporais como indicadores de comportamentos de risco na adolescência). *Pediatrics.* 109: 1021-1027.

Agência dos Serviços de Fronteiras do Canadá, 2008. *Tattoos and their meaning* [em linha]. Disponível em: http://info.publicintelligence.net/CBSA-TattooHandbook.pdf [13.11.2013].

Crown, n.d. *Lei da Justiça Criminal de 1982* [em linha]. Disponível em: http://www.legislation.gov.uk/ukpga/1982/48/contents [13.11.2013].

Crown, n.d. *Lei da Igualdade de 2010* [em linha]. Disponível em: http://www.legislation.gov.uk/ukpga/2010/15/contents [31.03.2014].

Crown, n.d. *Lei dos Direitos Humanos de 1998* [em linha]. Disponível em: http://www.legislation.gov.uk/ukpga/1998/42/contents [31.03.2014].

Crown, n.d. *Lei da Polícia e da Prova Criminal de 1984.* Disponível em: http://www.legislation.gov.uk/ukpga/1984/60/contents [31.03.2014].

Crown, n.d. *Lei de Reabilitação de Delinquentes de 1974* [em linha]. Disponível em:

http://www.legislation.gov.uk/ukpga/1974/53 [31.03.2014].

Crown, n.d. *Tattooing of Minors Act 1969* [em linha]. Disponível em: http://www.legislation.gov.uk/ukpga/1969/24 [15.11.2013].

Dalrymple, T., 1995. *It Hurts, Therefore I Am* [em linha]. Disponível em: http://www.city-journal.org/html/5_4_oh_to_be.html [25.03.2014].

Decker, S.H., 2008. *Strategies for tackling gang crime: A Guidebook for Law Enforcement* [online]. Disponível em: http://www.cops.usdoj.gov/Publications/e060810142Gang-book-web.pdf [15.11.2013].

DeMello, M., 2000. *Bodies of Inscription: A Cultural History of Modern Tattooing (Corpos de inscrição: uma história cultural da tatuagem moderna).*

*Comunidade.* Londres: Duke University Press.

Ministério da Saúde e dos Serviços Sociais, 2009. *Métodos de recolha de dados para Avaliação: análise de documentos* [em linha]. Disponível em: http://www.cdc.gov/healthyyouth/evaluation/pdf/brief18.pdf [28.03.2014].

Polícia de Devon e Cornualha, 2013. *Police Officer Recruitment Pre-Application Document* [em linha]. Disponível em: http://www.devon-cornwall.police.uk/JoinUs/PoliceOfficer/Documents/PoliceOfficerRecruitmentPreAppDoc.pdf [15.11.2013].

Comissão dos Direitos das Pessoas com Deficiência, 2002. *Código de práticas para as escolas* [em linha]. Disponível em: http://www.equalityhumanrights.com/uploaded_files/drc_schools_code.pdf [26.03.2014].

Durkin, K. e Houghton, S., 2010. Estereótipos de crianças e adolescentes sobre pessoas tatuadas como delinquentes. *Legal and Criminological Psychology.* 5(2) : 153-164.

Edgerton, R. e Dingman, H., 1963. Tattooing and Identity (Tatuagem e Identidade). *The International Journal of Social Psychiatry*. 9 : 143-153.

Emsley, C., Hitchcock, T., & Shoemaker,R., 2014. *Crime and Justice - Punishments at the Old Bailey* [em linha]. em: http://www.oldbaileyonline.org/static/Punishment.jsp Disponível [09.03.2014].

Farlex, Inc. 2013. *Tatuagem* [online]. Disponível em

http://www.thefreedictionary.com/tattoo [19.11.2013].

Fleming, R.B., 2000. *Scanty Goatees and Palmar Tattoos: Cesare Lombroso's Influence on Science and Popular Opinion* [online]. Disponível em: http://www.tcr.org/tcr/essays/EPrize_Lombroso.pdf [07.01.2014].

Fletcher, G., 1998. *Basic Concepts of Criminal Law (Conceitos Básicos de Direito Penal).* Oxford University Press: Nova Iorque

Fletcher, R., 1971. Tattooing among civilised people", discurso ilustrado com fotografias e desenhos na 61ª reunião regular da Sociedade Antropológica de Washington, 1882, em *Transactions of the Anthropology Society of Washington,* Nova Iorque: Kraus Reprint Co.

Fox, K.A., e Lane, J., 2010. Percepções de gangues entre procuradores numa cidade emergente de gangues. *Journal of Criminal Justice.* 38(4) : 595-603.

Gadd, D., 2006. The role of recognition in the desistance process: A case analysis of a former far-right activist. *Theoretical Criminology.* 10 : 179-202.

Gagnon, R.J., 1982. Investigação empírica: encargos e benefícios. *Interfaces.* 12(4) : 98-102.

Gillinsky, Y., 2001. *Conceito de criminalidade na criminologia contemporânea* [em linha]. Disponível em: http://www.erces.com/journal/articles/archives/v02/v_02_06.htm [12.11.2013] .

Goffman, E., 1990. *Stigma: Notes on the Management of Spoiled Identity.* Prentice-Hall Inc : Nova Jersey.

Green, T., 2013. *Tatuagem de teia de aranha* [online]. Disponível em: http://www.tattoosymbol.com/just-for-site/spider-web.html [13.11.2013].

Grinnell, R., 2008. *Experimenter Bias* [online]. Disponível em: http://psychcentral.com/encyclopedia/2008/experimenter-bias/ [28.03.2014].

Gustafson, R.C. e Petreman, M.C., 1963. Tattoos and Identity (Tatuagens e Identidade). *Canadian Medical Association Journal.* 89: 904.

Hampshire Constabulary, n.d. *Normas de Comportamento Profissional* [em linha]. Available at: http://www.hampshire.police.uk/internet/asset/4f6f46e2-daeb-469e-9ab4-817e7178775l/28590%20Standards%20of%20Professional%20Behaviour%202013.pdf [15.11.2013] .

Hart, C., 1998. *Doing a Literature Review.* Londres: SAGE Publications Ltd.

Ministério do Interior, 2008. *Procedimentos de gestão da má conduta, do desempenho insatisfatório e da assiduidade dos agentes da polícia* [em linha]. Disponível em https://www.gov.uk/government/uploads/system/uploads/.../621913.doc [15.11.2013].

Ministério do Interior, 2011. *Código PACE A 2011* [em linha]. Disponível em: https://www.gov.uk/government/uploads/system/uploads/attachment_data/file/117594/pace-code-a-2011.pdf [02.04.2014].

Ministério do Interior, 2012. *Policiamento por consentimento* [em linha]. Disponível em: https://www.gov.uk/government/publications/policing-by-consent [02.04.2014].

Ministério do Interior, 2013. *Estatísticas - estatísticas nacionais. Força de trabalho da polícia, Inglaterra e País de Gales, 31 de março de 2013* [em linha]. Disponível em: https://www.gov.uk/government/publications/police-workforce-england-and-wales-31-march-2013/police-workforce-england-and-wales-31-march-2013 [23.03.2014].

Houghton Mifflin Harcourt, 2013. *Theories of deviance* [em linha]. Disponível em: http://www.cliffsnotes.com/sciences/sociology/deviance-crime-and-social-control/theories-of-deviance [16.11.2013].

Hsuing, P.C., 2010. *Um processo de reflexão* [online]. Disponível em: http://www.utsc.utoronto.ca/~pchsiung/LAL/reflexivity [10.04.2014].

Comissão dos Direitos Humanos, 2008. *Obter um emprego* [em linha]. employment_Guide.pdf Disponível em: http://www.hrc.co.nz/hrc_new/hrc/cms/files/documents/31-Jul-2008_21-34-42_A-Z_Pre- [25.03.2014].

Ingram, J.R., Paoline, E.A. e Terrill, W., 2013. A Multi-Level Framework for Understanding Police Culture: The Role of the Workgroup [Um quadro multinível para compreender a cultura policial: o papel do grupo de trabalho]. *Criminology.* 51(2) : 365-397.

Kang, M. e Jones, K., 2014. Por que as pessoas fazem tatuagens? Em Tammy L Anderson (Ed.) Understanding Deviance: Connecting Classical and Contemporary Perspectives. Londres: Routledge.

Kenney, L., 2014. *Colecionismo de tatuagens: arte viva e artefacto.* MESTRADO. Universidade de Guelph. Disponível em: https://atrium.lib.uoguelph.ca/xmlui/handle/10214/7820 [23.04.2014].

Polícia de Kent, n.d. *Becoming a Police Constable in Kent* [em linha]. Disponível em: http://www.kent.police.uk/join_us/attachments/officer_recruitment.pdf [15.11.2013].

Koch, J.R., Armstrong, M.L., Owen, D.C. e Roberts, A.E., 2010. Body art, deviance, and American college students (Arte corporal, desvio e estudantes universitários americanos). *The Social Science Journal.* 47 : 151-161.

Kosut, M., 2006. Mad artists and tattooed perverts: deviant discourse and the social construction of cultural categories. *Deviant Behaviour.* 27 : 73-95.

Lanfreschi, A., 2013. *A realidade por trás das tatuagens nas prisões* [online]. Disponível em: http://www.hlntv.com/slideshow/2013/08/08/meaning-prison-tattoos-josh-gouker-joshua-young-trial [13.11.2013].

Lewis-Beck, M.S., Bryman, A., & Liao, T.F., 2004. *Encyclopedia of social science research methods.* Los Angeles: SAGE Publications Inc.

Lippmann, W., 1956. *Public Opinion.* Nova Iorque: Macmillan.

MacLin, M. K., e Herrera, V., 2006. The Criminal Stereotype. *Jornal Norte-Americano de Psicologia.* 8(2): 197-208.

Maruna, S., 2012. Elements of Successful Desistance Signalling (Elementos de Sinalização de Desistência com Sucesso). *Criminologia e Políticas Públicas.* 11(1) : 73-86.

Gabinete do Presidente da Câmara para o policiamento e a criminalidade, 2012. *Sobre nós* [em linha]. Disponível em: http://www.metpolicecareers.co.uk/aboutus.html [15.11.2013].

Gabinete do Presidente da Câmara para o Policiamento e a Criminalidade, 2013. *Requisitos de elegibilidade* [em linha]. Disponível em: http://www.metpolicecareers.co.uk/eligibility_requirements.html [15.11.2013].

Gabinete do Presidente da Câmara para o policiamento e a criminalidade, 2014. *Objectivos de igualdade* [em linha]. Available at: http://content.met.police.uk/Article/Equality-Objectives/1400007226583/1400007226583 [23.03.2014].

McCarron, K., 2008. Skin and Self-Indictment: Prison Tattoos, Race, and Heroin Addiction [Tatuagens na Prisão, Raça e Dependência de Heroína]. *Estudos Ingleses no Canadá*. 34 : 1.

McNeill, F., Farrall, S., Lightowler, C. e Maruna, S., 2012. *Como e porquê as pessoas deixam de cometer crimes: Discovering desistance* [em linha]. Disponível em: http://www.iriss.org.uk/resources/how-and-why-people-stop-offending-discovering-desistance [10.04.2014].

Merton, R. K., 1948. The self-fulfilling prophecy. *Antioch Review,* 8, 193-210.

Morrison, W., 2004. Lombroso and the Birth of Criminological Positivism: Scientific Mastery or Cultural Artifice? Em Ferrell, J., Hayward, K., Morrison, W., & Presdee, M. *Cultural Criminology Unleashed.* Londres: Cavendish Publishing Limited. 67-80.

Centro Nacional de Planeamento da Justiça, n.d. Correcções *e correcções comunitárias Programas* [em linha]. Disponível em: http://www.ncjp.org/policy_practice/practice/corrections_community_corrections#sthash.NtV1ciFg.dpuf [25.03.2014].

Polícia da Nova Zelândia, 2014. *Tem uma pergunta?* [em linha]. Disponível em: https://www.newcops.co.nz/application-process/faqs [25.03.2014].

Polícia da Nova Zelândia, 2014. *Requisitos* [em linha]. Disponível em: https://www.newcops.co.nz/application-process/requirements [25.03.2014].

O'Connor, E., 2013. New Ink: The Perils Of Superimposing Copyright Law On The Tattoo Industry [Nova Tinta: Os perigos de sobrepor a lei dos direitos de autor à indústria das tatuagens]. *Westminster Law Review*. 3(1).

Oxford University Press, 2013. *Definições de estigma em inglês* [online]. Disponível em: http://www.oxforddictionaries.com/definition/english/stigma [19.11.2013].

Paoline, E.A., 2014. *Cultura policial: adaptação às tensões do trabalho.* Carolina do Norte: Carolina Academic Press.

Phillips, S.A., 2001. Gallo's Body: Decoration and Damnation in the Life of a Chicano Gang Member. *Ethnography.* 2: 357-388.

Plous, S., 2003. A psicologia do preconceito, do estereótipo e da discriminação: uma visão geral. Em S. Plous (Ed.), *Understanding Prejudice and Discrimination.* Nova Iorque: McGraw-Hill.

Putnins, A., 2002. Jovens delinquentes, tatuagens e reincidência. *Psychiatrie, psychologie et droit.* 9(1): 62-68.

Pritchard, S., 2010. Essência, identidade, assinatura: Tatuagens e bens culturais. *Social Semiotics*. 10(3) : 331-346.

Sanders, C.R. e Vail, D., 2008. *Personalizing the body: the art and culture of tattooing (Personalização do corpo: a arte e a cultura da tatuagem).* Filadélfia: Temple University Press.

Seiter, J.S. e Hatch, S., 2005. Effect of tattoos on perceptions of credibility and attractiveness (Efeito das tatuagens nas percepções de credibilidade e atratividade). *Psychological Reports.* 96 : 1113-1120.

Smith, D., 2003. Cinco princípios para a ética na investigação. *American Psychological Association.* 34(1) : 56.

Smith, D.M., 2012. *Tatuagens médicas podem esconder cicatrizes inestéticas e restaurar a confiança* [online]. Disponível em: http://www.calgaryherald.com/health/Medical+tattoos+hide+unsightly+scars+give+confidence/7666505/story.html [26.03.2014].

Taylor, J.W., 1968. A Search Among Borstal Girls for the Psychological and Social Significance of their Tattoos". *British Journal of Criminology.* 8: 70.

Federação da Polícia de Inglaterra e do País de Gales, 2013. *Only skin deep ?* [online]. Disponível em: http://www.policemag.co.uk/editions/997.aspx [23.03.2014].

Timming, A.R., 2014. Tatuagens visíveis no sector dos serviços: um novo desafio para o recrutamento e seleção. *Trabalho, Emprego e Sociedade.* A publicar. 1-19.

Treadwell, J., 2008. Call the (Fashion) Police. *Sociedade Britânica de Criminologia.* 8 : 117-133.

Toch, H., 2010. "Não sou quem era na altura: Avaliação de risco e maturação de reclusos de longa duração. *The Prison Journal.* 90: 4-11.

Turner Entertainment Networks Inc, 2013. *Guia de campo de tatuagens na prisão* [online]. Disponível em: http://www.trutv.com/library/crime/photogallery/prison-tattoo-field-guide.html?curPhoto=1 [13.11.2013].

Waterhouse, J., 2009. *Art by Tattooists Beyond Flash.* Londres: Laurence King Publishing Ltd.

Williams, J. P., 2011. *Rótulos e pânicos morais. Em J. P. Williams, Subcultural Theory - Traditions and Concepts.* Cambridge : Polity Press.

Young, M.A., e Gonzalez, V., 2013. *Getting out of gangs, staying out of gangs: Gang intervention and Desistence Strategies* [online]. Disponível em https://www.nationalgangcenter.gov/Content/Documents/Getting-Out-Staying-Out.pdf [25.03.2014].

MIX
Papier aus verantwortungsvollen Quellen
Paper from responsible sources
FSC® C105338

Printed by Books on Demand GmbH, Norderstedt / Germany